AF582173

A la Cour d'Appel de Douai.

(1.re CHAMBRE CIVILE).

MÉMOIRE

POUR

Le sieur HOULIEZ,

CONTRE

Le sieur LALLART,

Touchant l'interprétation du mot *POSTÉRITÉ* de l'art. 747 du Code civil.

Scire leges, non est legum verba tenere, sed earum vim ac potestatem.

ARRAS,

TYPOGRAPHIE D'AUG. TIERNY, RUE ERNESTALE.

A LA COUR D'APPEL DE DOUAI

(1.re Chambre civile).

MÉMOIRE

POUR

Le sieur HOULIEZ,

CONTRE

Le sieur LALLART.

Si les faits et circonstances d'une cause, pouvaient exercer la moindre influence sur un débat purement juridique, il nous suffirait d'exposer ceux du procès actuel, pour avoir démontré en même tems, combien est peu intéressante la position du sieur Lallart, et combien, par conséquent, le droit, c'est-à-dire la science du juste et de l'injuste, doit répugner à la favoriser.

Mais ces circonstances étant indifférentes en pareille matière, nous nous bornerons, la loi en main, à discuter la thèse qu'elle présente, en nous dégageant des complications de fait, et en ne retenant de ce même fait que ce qui sera indispensable pour l'intelligence de la discussion.

En août 1847, Onésime-Célina Houliez, qu'avait séduite un sieur Lallart, donna le jour à une fille naturelle, Onésime, que le sieur Lallart crut de son intérêt de reconnaître.

Peu après, Onésime-Célina Houliez mourut en laissant pour héritiers son père, sa mère, ses frères et sœurs légitimes; et pour successeur irrégulier son enfant naturel.

Sa succession se composait des biens que son père lui avait donnés entre-vifs, aux termes de deux actes authentiques en date des 17 août 1840 et 14 avril 1842; puis des biens que lui avait testamentairement légués son aïeule le 31 juillet de la même année.

En juillet 1848, Onésime Lallart mourut elle-même en abandonnant sa fortune aux mains de son père naturel, le sieur Lallart, lequel du chef de sa fille, et fort de l'art. 765 du Code civil, s'empressa, le 31 janvier 1849, de provoquer le partage et la liquidation de tous les biens composant la succession d'Onésime-Célina Houliez.

Quant aux biens légués par la grand'mère de cette dernière, il ne pouvait y avoir aucune difficulté; mais quant aux biens à elle donnés par son père, la chose était loin d'être aussi simple.

Dans l'intérêt du sieur Houliez, on prétendait que les biens compris dans la donation devaient, suivant que le prescrit de l'art. 747, lui faire retour pour la totalité.

Dans l'intérêt du sieur Lallart, on soutenait, au contraire, que ces biens devaient entrer dans la masse à partager.

C'est ce dernier système qu'a consacré le Tribunal d'Arras dans le jugement qui va suivre.

JUGEMENT.

» Considérant que les termes dans lesquels l'article 747 du » Code civil se trouve conçu, sont généraux, clairs, précis, et » n'ont besoin pour leur intelligence d'aucune espèce d'inter- » prétation ; qu'en effet, le mot *postérité*, soit dans le sens de la » loi, soit dans le sens grammatical, s'applique aussi bien aux » enfans naturels qu'aux enfans légitimes ; que, quand le légis- » lateur a voulu faire entr'eux une distinction, il s'est servi d'ex- » pressions qui ne pouvaient laisser aucun doute à cet égard, ce » qui résulte évidemment des articles 351 et 960 du Code civil;

» Considérant que ces droits des enfans naturels reconnus » sont réglés dans les articles 757 et suivans, et s'exercent dans » toutes les successions dans les limites indiquées par la loi ; » qu'il n'y a rien dans l'article 747, relatif aux successions dé- » férées aux ascendans, qui fasse obstacle à l'exercice de ce » droit;

» Que c'est en vain qu'on invoque le retrait établi dans cet » article en faveur des ascendans ; que ce retrait, qui diffère » essentiellement de celui introduit par l'ancien droit, n'est rien » autre chose qu'un droit successoral subordonné à certaines

» éventualités ; que, de même que tout créancier peut exercer » les droits qui lui ont été conférés par le donataire sur les objets » donnés, de même et à plus forte raison, l'enfant naturel, en » vertu des articles 747 et 757, peut revendiquer la part qui lui » est assignée ; car le droit de l'ascendant se borne à reprendre » les biens qui se trouvent encore dans la succession, et sous la » condition des charges dont ils ont pu être grevés; l'ascendant » n'est qu'un héritier qui, rencontrant un enfant naturel dans la » succession, doit souffrir que les droits, d'ailleurs restreints, » que la loi accorde à cet enfant, soient liquidés et prélevés » avant que de reprendre ce qui lui revient;

» Le Tribunal, prononçant en la cause, etc. »

Ce jugement a été naturellement frappé d'appel. La Cour, après avoir pris connaissance des moyens qui auraient peut-être changé l'opinion des premiers juges, s'il nous eût été donné d'en présenter autre chose qu'un incomplet aperçu, dira droit entre nous et le Tribunal.

DISCUSSION.

Aux termes de l'art. 747, « les ascendans succèdent à l'exclu-
» sion de tous autres aux choses par eux données à leurs enfans
» ou descendans décédés sans *postérité*, lorsque les objets donnés
» se retrouvent en nature dans la succession. »

Que veut dire ce mot *Postérité?* Comprend-il la filiation légitime et la filiation naturelle, (*) ou bien n'admet-il que la première descendance à l'exclusion de la seconde?

Cette question n'a été soumise qu'une fois encore à l'appréciation de la Cour suprême ; sa solution a eu pour résultat l'antagonisme de cette cour avec toute la doctrine nouvelle qui a précédé ou suivi l'arrêt de 1832.

La science ne nous paraissant pas avoir dit son dernier mot en cette matière neuve encore, quoique souvent effleurée dans les livres, nous nous permettrons une discussion, en commençant par déclarer, que nous nous rangeons du côté de la Cour de Cassation, qui, nonobstant la doctrine rebelle, nous semble avoir consacré les véritables principes et donné l'interprêtation la plus compatible avec le texte de la loi, son esprit, et l'économie entière de la législation.

(*) Quand nous parlerons de filiation et descendance naturelle, nous sous-entendrons toujours légalement reconnue. En effet « la loi n'accorde de droit aux enfans naturels sur les » biens de leur père et mère décédés qu'autant qu'ils ont été légalement reconnus. » (Art. 756 du Code civil.)

I.

Notre loi actuelle touchant la filiation illégitime est tout à la fois morale et équitable.

Elle a compris que les enfans naturels étant du sang de leurs auteurs, il serait souverainement barbare de les traiter en race maudite, souverainement inique de leur faire porter outre mesure la peine d'une faute qui leur est étrangère, et qu'à titre de preuve vivante, ils n'expient que trop par une flétrissante bâtardise.

Mais elle a compris en même tems que si l'équité se refusait à la complète spoliation des enfans naturels, la morale à son tour, dont les droits sont plus élevés que les leurs, s'opposait invinciblement à ce que ces mêmes enfans naturels qui, jamais ne sauront prétendre à la dignité d'enfans légitimes, pussent jouir des mêmes priviléges.

Aussi, pour concilier les exigences de la morale avec les besoins de l'humanité, le législateur a-t-il évité le double écueil que presentaient les lois anciennes, et les retours par trop réactionnaires de la loi intermédiaire.

Les premières, ne voyant dans les enfans naturels que des créatures de ce monde, n'ayant juste que le droit d'y vivre, se bornaient à leur accorder des alimens, c'est-à-dire à les empêcher de mourir; l'idée était morale sans doute, mais sa mise en pratique d'une bien grande inhumanité.

La seconde, sous prétexte de philanthropie, assimila complètement les enfans naturels aux enfans légitimes, c'était humaniser la loi, mais c'était aussi primer l'immoralité, désorganiser la famille, base de toute société.

Conserver l'Etat par la famille, et pour ce faire, favoriser le mariage en proscrivant le concubinat, tel a été, tel devait être le but du législateur.

C'est pourquoi, tout en réhabilitant la descendance naturelle, tout en lui accordant non-seulement le droit de vivre, mais encore celui de vivre facilement, honorablement, il ne l'a cependant pas élevée à l'égal de la postérité légitime, et lui a refusé l'étendue des droits de cette dernière.

Et sans vouloir, ce qui fera l'éternelle dispute et des casuistes et des jurisconsultes, distinguer entre ce qui découle de la loi naturelle, indépendante de la volonté législative, et ce qui découle de la loi positive, ouvrage arbitraire et domaine exclusif de cette même volonté, nous dirons que le législateur pouvait surtout éliminer les enfans naturels, alors que, comme dans la reversion, il s'agissait de choses qu'il était maître de créer ou laisser au néant, de choses qu'il était libre de ne mettre à jour que dans l'intérêt des enfans légitimes.

Ces principes posés, et ils sont incontestables, abordons la question et ses difficultés.

II.

L'interprétation d'un mot ou d'un texte de loi doit, suivant nous, ne pas se chercher judaïquement dans la lettre stérile d'une disposition incomprise, mais bien dans la combinaison du *but* de la loi et des *moyens* d'y arriver, dans le rapprochement de sa lettre et de son esprit.

C'est à ce point de vue interprétatif, le seul que nous puissions admettre, que nous traiterons la thèse à examiner.

Le *but* de la loi, favoriser le mariage, les *moyens* d'y parvenir, différencier la filiation légitime de la descendance naturelle, nous sont déjà connus.

Laissons donc ce qui a déterminé le législateur *à faire*, pour ne voir que ce qu'il *a fait;* pour discuter la lettre et en rechercher l'esprit.

Comme il importe avant tout de bien savoir, et de définir, autant que possible, les choses que l'on discute, afin de ne pas se lancer dans le vague, nous commencerons par rechercher : 1.° la nature du droit de reversion; 2.° la nature du droit des enfans naturels. Nous serons ensuite plus saisissables, en même tems que nous pourrons mieux saisir nous-mêmes dans le cours de la discussion.

La reversion de l'art. 747, bien que n'étant pas d'invention moderne, est cependant une modification de la reversion admise dans notre vieux droit, lequel avait également modifié, en se l'appropriant, la reversion romaine.

A Rome, et spécialement depuis les lois *Julia* et *Pappia Poppea*, certaines personnes, telles que le père, le grand'père.... étaient *tenus* à constituer une dot convenable au mari de leur fille.

Cette dot, s'appelait *dos profectitia,* dot profectice ; par opposition à la dot d'une origine autre, que prenait le nom de *dos adventitia,* dot adventice.

Pour consoler le père de l'*obligation* de doter, pour l'encourager à le faire aussi convenablement que possible, pour ne pas lui laisser le regret ou la crainte de perdre ensemble et la dot et l'enfant, si sa fille décédait avant lui, on imagina la reversion.

Aussi, et par suite des idées romaines sur l'*obligation* de doter, *comme conséquence de la puissance paternelle;* la reversion n'eut-elle lieu qu'à l'occasion de la dot profectice, sans jamais s'exercer au cas de dot adventice.

Il importait peu, du reste, que la fille décédât avec ou sans postérité, la reversion s'exécutait toujours sauf, dans ce dernier cas, une certaine retenue de la part du mari.

Puis, pour certiorer ce droit de reversion, les biens dotaux quoique donnés, au nom de la femme, au mari qui en devenait propriétaire, ne pouvaient être par lui valablement aliénés, ni même par lui seul valablement hypothéqués.

La reversion impliquait donc une espèce de donation *mortis causâ,* et créait soit par voie de *révocation,* soit par voie de *caducité,* un retrait à *titre singulier,* qui s'exerçait *sans charges, sans contribution* aux dettes, même par voie de *revendication* au cas d'aliénations.

En un mot, la reversion était un droit de *retour privilégié, particulier,* en dehors de tout principe successoral.

Dans notre vieux droit français, les idées s'étant complètement modifiées, on étendit à *tous les ascendans, sans distinction de ligne ou de sexe,* la reversion qui n'avait lieu à Rome qu'au profit du père, grand-père, etc., et à toutes les *libéralités volontaires,* cette même reversion qui à Rome encore n'avait lieu qu'au cas *forcé* de dot profectice.

De plus, et contrairement au droit romain, la postérité devînt un obstacle à la reversion; seulement elle s'exerçait toujours si cette postérité du donataire mort, décédait avant l'ascendant donateur.

Mais ici, comme presque partout, on divergeait sur la *nature* du droit, suivant qu'on l'invoquait dans les localités de coutumes ou dans les pays de droit écrit.

Dans les localités de coutumes, où les habitudes franques prédominaient, le droit de reversion était successoral. Il n'avait lieu qu'à *titre universel, avec charges,* et alors seulement que les biens donnés se retrouvaient en nature dans la succession du donataire.

Dans les pays de droit écrit, où les lois gauloises étaient toutes imbues de la tradition romaine, la reversion conserva son caractère primitif de droit de *retour* proprement dit, ayant lieu *sans charges,* à *titre singulier,* et malgré les aliénations.

Le Code civil, en restaurant la reversion, un instant abolie par les lois du 17 nivôse an II, la circonscrivit dans les cas prévus par l'art. 747. Il admit les extensions du vieux droit français, sauf cependant (du moins en ce qui concerne le cas le plus ordinaire, celui de l'art. 747), celle qui accordait le retrait dans l'hypothèse du prédécès du donataire et de sa postérité.

En ce qui touche le caractère du droit, sa nature, les rédacteurs du Code avaient à choisir.

L'ont-ils fait? Nous l'ignorons.

S'ils l'ont fait, ont-ils agi en parfaite connaissance de cause, en prévoyant toutes les conséquences de leur choix?

Nous l'ignorons encore, mais nous nous permettrons d'en douter.

L'article 747 est si inexplicite, si insuffisant à sa matière; les discussions qui l'ont précédé sont si obscures, si contradictoires et, disons-le, si pauvres, que l'on en est à se demander, aujourd'hui encore, si la reversion est, oui ou non, un droit de retour ou un droit successif.

D'un côté, en faveur du retour, on pourrait dire que la disposition reversive s'est fourvoyée par mégarde au titre des successions déférées aux ascendans, par cela seul qu'elle était attributive d'un droit à cette catégorie d'héritiers; que le mot *succéder* s'est, par suite de cette inadvertance, glissé dans le texte au lieu du mot *retourner* qui doit tenir sa place.

Que l'art. 351, qui, pour admettre des conséquences nouvelles, ne constitue pas moins un droit identique à celui de l'art. 747, porte que « les choses données *retourneront* à l'adoptant, etc... » ce qui évidemment implique la pensée du retour, et non la pensée successive.

Que ces mots: « Les choses données *retourneront...* » ne sont nullement infirmés par ces autres mots de l'art. 352: « L'adop- » tant *succédera* aux choses par lui données... » puisque ce même article ajoute aussitôt: « Comme il est dit en l'article précédent...» Or, cet article précédent, étant constitutif du droit et créant un retour, l'article 351 qui s'y réfère ne saurait, par une expression impropre, immédiatement, quoique mal corrigée, dénaturer ce droit pour en faire un droit nouveau et d'une toute autre valeur.

Que souvent l'on a employé confusément les mots *retourner* et *succéder*, sans cependant y attacher la moindre importance; témoins les articles 351 et 352; témoin l'art. 766, où il dit: « *Re-*
» *tourneront* également aux frères et sœurs légitimes, etc. » alors qu'évidemment, dans ce dernier exemple, il s'agit d'une véritable succession.

Que la contribution aux dettes, et les seuls cas dans lesquels la reversion s'exerce, sont loin de prouver un droit successoral; que l'on peut les expliquer par une fusion ou une confusion faite entre deux systèmes en présence; que, de plus, le législateur, en maintenant le droit, était libre d'y apposer certaines conditions.

Que telle est la thèse soutenue par M. Malleville, l'un des rédacteurs de l'art. 747, plus en position que qui que ce soit d'en apprécier la portée véritable. Il dit: « On s'est servi d'une ex-
» pression très-impropre, de la coutume de Paris, qui porte
» aussi, art. 313, que *les ascendans succèdent ès-choses par eux*
» *données à leurs enfans décédant sans postérité.* Il n'est pas vrai,
» en effet, que ce soit par succession que les ascendans re-
» prennent les choses par eux données, puisqu'ils ont le droit
» de les reprendre sans être héritiers, et même en renonçant à
» la succession de leurs enfans. Cependant, cette expression
» impropre a de très-graves conséquences.

» Le mot propre était *droit de retour,* etc. »

Que cet avis a été partagé par l'orateur Siméon, lequel, dans son discours au corps législatif, s'exprimait ainsi: « Les ascen-
» dans qui ne seraient pas successibles reprennent les effets

» qu'ils avaient donnés au défunt; c'est un *retour légal* que » l'équité commande. » Ce même jurisconsulte aurait persisté dans son opinion en critiquant un arrêt de cour de cassation, dans un article inséré au *Moniteur*, que M. Dalloz indique sans en mentionner la date; il nous a été impossible de le trouver.

Que telle est la doctrine adoptée par les auteurs des ouvrages de Pothier, mis en rapport avec le Code-Napoléon. On lit au commentaire de l'art. 747 : « Le texte de cet article peut donner » lieu à une erreur qu'il importe de relever, c'est qu'on pourrait » croire, d'après ces expressions, *les ascendans succèdent*, qu'ils » sont héritiers. M. de Malleville cherche à dissiper cette er- » reur, etc. »

Cette interprétation que, pour notre compte personnel, nous préférerions à celle qu'il est de mode de donner aujourd'hui, aurait l'avantage de ne pas mettre en relief un droit aussi bizarre que le droit successif greffé sur la reversion.

Elle nous mettrait de plus à l'abri de certains argumens tirés de l'art. 757 du Code civil. En effet, étant admis que la reversion constitue un droit de retour, il s'ensuivrait que la propriété des choses données, bien que transmise au donataire, à tel point qu'il en avait, lui vivant, l'*usus* et l'*abusus*, ne l'aurait cependant été que sous certaines conditions résolutoires, lesquelles s'accomplissant, feraient rentrer les choses dans le patrimoine du donateur dont elles seraient censées n'être jamais sorties (art. 1183 du Code civil), et rendraient ainsi sans application l'article précité, lequel ne saurait avoir trait qu'aux choses appartenant au donataire et trouvées dans sa *succession*.

D'un autre côté, en faveur du droit successoral, on peut répliquer.

Par la place même qu'occupe l'art. 747, par les expressions que surabondamment il emploie, il devient manifeste que la reversion est à titre successif. L'article 351 dit, il est vrai: « Les » choses données *retourneront* à l'adoptant... » Mais la contribution aux dettes prouve combien est impropre ce terme qui n'est plus même reproduit dans l'art. 352, où l'on voit que « l'adoptant » succédera aux choses par lui données, etc... » ce qui indique une idée de transmission, etc...

A l'opinion de Malleville et de Siméon, on peut opposer celle de Chabot au corps législatif, celle de Tronchet au Conseil d'Etat; tous deux ont prétendu que la reversion avait dépouillé son caractère de droit de retour pour revêtir celui de droit de successibilité.

Ces raisons étant universellement admises, en doctrine et en jurisprudence, force nous est de les accepter, sous peine de paraître vouloir tourner la difficulté.

Soit donc; la reversion est un droit successoral. Mais ce droit va être tellement antipathique aux droits successoraux ordinaires, il va bouleverser tellement toutes les idées reçues en pareille matière, que nous en serons fort peu gênés, et que notre concession n'aura pas grand mérite.

Ce droit est bizarre, anormal, avons-nous dit et disons-nous encore; justifions cette proposition.

Il porte atteinte : 1.° au droit de représentation; 2.° au droit de réserve; 3.° aux ordres de succéder; 4.° à ce principe que l'on ne peut être héritier pour partie; 5.° à cet autre principe qu'en matière de succession, il ne faut considérer ni la nature ni l'origine des biens à partager.

Reprenons. *A la représentation.* Puisque l'ascendant succède seul à l'exclusion de sa descendance.

A la réserve. Puisque les père et mère ne peuvent exercer ce droit, sur les biens donnés par l'aïeul, puisque l'aïeul lui-même n'est pas tenu de précompter ces biens sur sa réserve; pas plus qu'il ne saurait prétendre que la quotité disponible a été outrepassée, si la totalité de ces biens se trouvait soit donnée, soit léguée, soit aliénée.

Aux ordres de succéder. Puisque l'ascendant succède seul aux biens donnés, alors qu'il ne serait même pas au degré successible.

Au principe que l'on ne peut être héritier pour partie. Puisque l'ascendant succède quand même il ne serait pas héritier, quand même il renoncerait à la succession ordinaire.

On tente, nous le savons, d'échapper à ceci, en prétendant que les biens donnés formant une *universalité juridique*, qu'il faut appréhender pour le tout, aucune brèche n'est faite à l'axiôme, *Hereditas pro parte adiri nequit.* Cela est *fictivement* vrai; mais ce qui est vrai aussi en *réalité*, c'est que ces mêmes biens ne composent, ou peuvent ne composer qu'une fraction d'hérédité; et que, soit qu'on les considère comme faisant une succession à *titre particulier*, soit qu'on les envisage comme créant une succession à *titre universel* (ce qui nous paraît plus conforme aux principes, en présence de la contribution aux dettes *pro modo emolumenti*, au regard des co-héritiers, et *ultrà vires*, vis-à-vis des créanciers, si l'on n'a pas accepté bénéficiairement), sont une *succession* dans la succession, et conséquemment une simple partie de cette dernière.

A cet autre principe, qu'en matière successorale, il ne faut considérer ni la nature ni l'origine des biens à partager. En effet, en admettant qu'en certains cas, la reversion s'exerce sans considération de la *nature* des biens donnés, on doit reconnaître qu'elle ne s'exercera jamais sans considération de l'*origine;* ce qui est tout différent.

Ce qui donne naissance, ce qui détermine la reversion, c'est l'*origine* des biens, leur *caractère de libéralité;* donc, pour être conséquent, il faut *forcément* admettre qu'encore que les biens donnés se trouvent en *nature* dans le patrimoine du donataire, la reversion n'aura pas lieu, si la *cause*, si l'*origine* de la propriété a changé de *caractère*. Des biens donnés, par exemple, ont été vendus, puis rachetés ensuite: le caractère de libéralité s'est évanoui pour faire place à celui d'acquisition. Il ne peut plus y avoir de reversion (nous exceptons, bien entendu, le pacte de rachat qui, lorsqu'il se réalise, fait disparaître l'aliénation).

Autre exemple, bien autrement saisissant et qui convaincra les plus incrédules. Un aïeul donne à son petit-fils, celui-ci aliène; les biens sont rachetés par son père, qui les lui donne à son tour. Ce sera, sans contredit, à ce dernier qu'appartiendra la reversion, et non à l'aïeul; car, comme le dit victorieusement M. Marcadé, auquel nous avons emprunté ce second exemple: « C'est » la dernière entrée dans la propriété du donataire qui cons- » titue sa propriété définitive, et son véritable et dernier ca- » ractère. »

Nous pouvons donc, dès à présent, donner cette définition, que la reversion de l'article 747 est une *succession sui generis antipode* des successions ordinaires, conférant un droit *exclusif* et *privilégié*, au moyen duquel celui qui a, aux *yeux de la loi, la double qualité* d'ascendant et de donateur, reprend, en certains cas et à certaines conditions, les biens par lui donnés lorsqu'ils se retrouvent avec ce *caractère* dans la succession du donataire.

Une telle succession nous rendra fort à l'aise; car si elle laisse à l'écart presque tous les droits successoraux qui compètent aux héritiers légitimes, elle pourra laisser également à l'écart les droits des successeurs irréguliers.

Reste maintenant à vérifier la *nature* du droit des enfans naturels, suivant les articles 756, 757, etc., du Code civil.

On est allé jusqu'à prétendre (ce qui serait très-commode pour nos adversaires, que si la chose était exacte, auraient fort peu à s'inquiéter du mot postérité) que les droits de ces successibles étaient des droits de *créance;* on arrivait ainsi à ce résultat: Les enfans naturels ne sont pas héritiers (art. 756). Ils ne sont pas donataires, leurs droits ont lieu en-dehors des donations; ils ne sont pas légataires, leurs droits s'exerçent *ab intestat;* ils ne sauraient donc être autre chose que des créanciers.

Il faut, en vérité, se payer de mots, et ne tenir aucun compte des notions les plus élémentaires pour faire un pareil raisonnement.

Et d'abord quels créanciers seraient donc les enfans naturels? Serait-ce des créanciers chirographaires? Non évidemment, ils ne viennent à succession, *s'il en reste,* que lorsque toutes les dettes du défunt ont été préalablement payées. *Bona non intelligentur nisi deducto œre alieno.* Serait-ce des créanciers hypothécaires? Encore moins. Serait-ce des créanciers privilégiés? Pas davantage. Ces créanciers ne rentreraient, on le voit, dans aucune des catégories de créanciers reconnus par la loi, impossible donc de voir là des créanciers.

S'il en était autrement, qu'on y prenne garde, les enfans naturels, quoique moins favorisés que la postérité légitime, jouiraient souvent de bien plus grands avantages, ce qui serait souverainement ridicule. Les enfans légitimes, en effet, n'ayant qu'un droit successoral, n'arriveraient à la succession qu'autant que l'on aurait désintéressé les créanciers, et partant les enfans naturels.

Que l'on tire les conséquences d'un semblable mode de partager.

Mais, dira-t-on, ces créanciers prendront part concurremment avec les enfans légitimes. Quel système! Des ayant-droit concourant, non pas avec ceux qui ont des droits de créance, mais avec ceux qui ont des droits d'hérédité, sont des successibles et non pas des créanciers.

Et puis, si les enfans naturels étaient des créanciers, pourquoi, lors de la discussion au Conseil d'Etat, et sur les observations du consul Cambacérès, aurait-on retranché du projet de l'art. 756, la disposition qui ne donnait aux enfans naturels qu'un *droit de créance* sur les biens de leur père et mère décédés? Pourquoi l'orateur du gouvernement, dans l'exposé des motifs du titre des donations, au Corps législatif, aurait-il dit que le droit des enfans naturels était un droit de *participation à la succession.*

Si les enfans naturels étaient des créanciers, pourquoi l'envoi en possession? pourquoi le droit de mutation successorale? pourquoi la réserve? pourquoi, pourquoi surtout, la non vacance de l'hérédité que ne produirait assurément pas une masse créancière? etc... Les argumens fourmillent pour démontrer que les enfans naturels ne sont point des créanciers.

Que sont-ils donc? C'est bien simple, la loi le dit en toutes lettres: des *successeurs irréguliers,* des *successibles.* C'est pourquoi leurs droits sont réglés au titre des successions; c'est pourquoi toujours ils ont été mis en regard des héritiers chaque fois qu'il s'est agi non-seulement de régler leurs lots, mais d'en établir le *quantùm.*

En présence des travaux préparatoires du Code et de ses dispositions actuelles, il est incontestable que, sans être héritiers, les enfans naturels viennent à l'hérédité; que, sans avoir le *nom*, ils ont la *chose;* la chose, s'entend, moins certaines portions variables suivant les cas; moins certains *attributs spéciaux* au titre d'héritiers, tels que la *saisine*, etc..., qui, pour eux, sont remplacés par des analogues, comme l'*envoi en possession*, etc...

Ils ne sont pas héritiers théoriquement parlant, mais ils le sont dans la pratique légale: comme les héritiers, ils sont aux droits et aux devoirs du défunt, et s'ils ne se trouvent pas sur leur ligne, ils suivent une ligne semblable et parallèle.

Tenons donc pour certain que les droits des enfans naturels n'ont pas caractère de créance, mais bien *nature de successibilité*.

III.

Maintenant que nous avons fait un grand pas, en déterminant la *nature* des deux droits que nous venons d'analyser, nous pouvons entrer au vif de la discussion.

Les *successibles* sont divisés en deux catégories bien distinctes: 1.° les *héritiers légitimes*, les seuls qui jouissent de ce titre; 2.° les *successeurs irréguliers*, c'est-à-dire ceux qui, bien que successibles, ne se nomment point héritiers.

Pour éviter toute confusion, et montrer ce qu'il y avait de différentiel, d'incompatible même, dans les dispositions relatives à chaque classe de successibles; le législateur a pris soin de régler les droits successoraux en deux traités bien distincts.

L'un, se référant aux *successions régulières*, concernant les héritiers légitimes à l'exclusion des enfans naturels.

L'autre, se référant aux *successions irrégulières*, concernant les successeurs irréguliers, sans mot dire des héritiers légitimes.

Or, l'art. 747 est placé dans la rubrique des successions régulières, qui ne s'applique et ne peut forcément s'appliquer qu'aux héritiers légitimes.

Donc, le mot *postérité*, qui s'y trouve, ne peut s'entendre que de la *postérité légitime;* et, par suite de la localisation de l'article, il devenait inutile de surcharger ce terme *postérité* de l'épithète *légitime,* qui n'eût rien ajouté à son sens et n'eût pas rendu plus clair ce qui n'avait rien d'ambigu.

Interpréter ainsi, disent les partisans du système contraire, c'est *restreindre* l'acception du mot *postérité*, qui, *grammaticalement,* comprend la descendance naturelle aussi bien que la filiation légitime.

En aucune façon. Il ne s'agit ici de rien moins que d'une question de grammaire ; ce n'est donc pas par la grâce du dictionnaire, habile seulement à fournir une définition académique, que la question devra être résolue.

Il s'agit d'une question de droit ; on n'a donc qu'à s'occuper de *l'acception juridique ;* et au cas actuel, comme en beaucoup d'autres, l'acception judiciaire, ce qui est fâcheux peut-être, ce qui est cacophonique, si l'on veut, ne peut avoir la valeur de l'acception usuelle. Pour que le contraire existât, il faudrait violer les principes, faire que l'art. 747 eût un pied dans les deux camps, ce qui n'est pas, et ne peut pas gratuitement se supposer.

Le mot *postérité*, dans le sens que nous lui donnons, n'a rien de *restreint :* nous lui attribuons le seul *sens légal* qu'il comporte, et ce faisant, nous nous refusons uniquement à l'*étendre arbitrairement* à une classe de successibles, à laquelle il est complètement inapplicable.

L'argument que nous tirons de l'art. 747 est-il un pur argument de texte? un de ces argumens hébraïques que nous avons déclaré proscrire? Non, certes; car il s'étaie à la fois sur des considérations de loi naturelle et des dispositions de loi positive.

De loi naturelle. Quand un ascendant donne à l'un de ses hoirs, il doit nécessairement prévoir le mariage probable de ce dernier, et sa conséquence plus probable encore, celle de sa postérité.

La prévision se réalise-t-elle, et le donataire meurt-il en laissant des héritiers, l'affection du donateur ira nécessairement encore se porter sur ses petits-fils; ainsi nous sommes faits.

Quand il s'agit, au contraire, d'enfans naturels, oh! alors la question change de face.

Le donateur, au moment où il concédait à son fils certains avantages, ne devait assurément pas supposer le cas, heureusement très-exceptionnel, d'une faute qui toujours répugne et ne se pardonne presque jamais.

Et si ce fils décède, la faute commise, ce qui restait des affections, singulièrement diminuées de l'aïeul, ne se rejettera pas sur la preuve vivante de la faute, sur le bâtard qui personnellement ne lui a pas fait injure, mais qu'il considérera cependant comme une espèce de tache imprimée au front de la famille; ainsi toujours nous sommes faits.

La loi l'a parfaitement senti: elle a présumé, comme nous, des affections; en effet, elle a déclaré, art. 756, que les enfans naturels étaient étrangers aux père et mère de leurs auteurs, *étrangers* au point de ne pouvoir prétendre aucun droit sur leurs biens.

Certains esprits se récrieront peut-être; peut-être il leur paraîtra qu'aux yeux de la nature, les formalités nuptiales sont de pure fantaisie; qu'en conséquence, pour l'aïeul, autant vaut un enfant naturel qu'un enfant légitime.

Mais il n'en sera pas moins clair que le Code a parfaitement interprété la loi de nature, mise en évidence par les opinions et les mœurs universelles; puisque partout, chez les nations civilisées et chez les peuples sauvages, une différence capitale est faite entre la concubine et l'épouse, entre le fruit d'une cohabitation passagère et celui d'une union plus durable.

Il n'en sera pas moins clair, que s'il se rencontrait un Etat en décadence chez lequel on eût assez faussé les notions du juste et de l'injuste, la conscience du droit et du devoir, pour qu'il ne différenciât plus la légitimité de la bâtardise, le législateur, lui, devrait faire cette différence ; ramener, par sa présomption, les affections dans leurs justes limites, sous peine de consacrer non-seulement l'immoralité la plus scandaleuse, mais encore de décréter la ruine de l'Etat, en alimentant la gangrène de sa plaie, en légalisant les élémens impurs de sa dissolution.

De la loi positive. La *représentation*, fiction légale, qui fait monter le représentant au lieu et place du représenté, a lieu à l'infini en descendance légitime.

Au moyen de cette fiction, un hoir qui a des enfans, légalement parlant, ne peut jamais mourir : après lui, un autre qui continue sa personne, pour être à ses droits et remplir ses devoirs.

Au cas donc d'enfans légitimes, la non reversion s'explique tout naturellement, ce n'est là qu'une consécration nouvelle, qu'une conséquence nécessaire de la fiction de la loi, de la *représentation.*

Mais il n'en saurait être de même au cas d'enfans naturels. Pour eux, pas de fiction, leur auteur mort tout est perdu (du moins au cas qui nous occupe), ils ne continuent pas sa personne; de son chef, ils n'ont rien à demander.

A supposer, pourra-t-on dire encore, que l'on doive laisser à l'écart la signification usuelle du mot *postérité*, pour s'en tenir à la signification légale, toujours est-il que, pour connaître cette dernière acception, il faudra rechercher ce que la loi elle-même a entendu par le mot *postérité.*

Or, précisément, dans la rubrique dont fait partie l'art. 747, les articles qui le précèdent ou le suivent ont employé le mot *postérité* de manière à comprendre les enfans légitimes et les enfans naturels. S'il en était autrement, il faudrait refuser tous droits à ces derniers, ce qui est inadmissible.

Si donc, le mot *postérité* a toujours signifié postérité légitime, postérité naturelle, pourquoi lui donner une signification autre dans l'art. 747 ?

Cet argument, que nous reproduisons dans toute sa force, est plus sérieux que le précédent; il n'est pourtant pas bien solide.

Le mot *postérité* des articles 746, 748, 750, etc., doit, il est vrai, s'entendre de la filiation légitime et de la descendance naturelle. Sans cela, comme on le fait très-bien observer, il faudrait biffer dans le titre des successions irrégulières la section qui a trait aux enfans naturels.

Faut-il s'empresser d'en conclure que le mot *postérité* de l'art. 747 doive avoir le même sens? Pas du tout.

Les articles 746, 748, 750 et suivans, ne se réfèrent évidemment qu'à la *succession ordinaire*, dans laquelle les enfans naturels doivent prendre la part que la loi leur a *déterminement* assignée.

L'art. 747, au contraire, n'a trait qu'à la *succession anormale, privilégiée, anti-ordinaire* de l'ascendant donateur, à l'occasion de laquelle il n'a pas été dit un mot, même par allusion, au titre des successions régulières. Où est donc l'assimilation? Il s'agit de choses inassimilables. Où serait donc la disposition à biffer dans la section des enfans naturels avec notre interprétation? Nulle part. On ne peut donc plus argumenter.

Dans une foule de cas, les mots *postérité, enfans, descendans,* ont été employés par la loi en sens divers et avec des valeurs différentes. Ainsi, sans sortir de la section des enfans naturels, nous en trouvons de frappans exemples.

Les mots *enfans* et *descendans* sont aussi génériques et aussi généraux que le mot *postérité* en bien des articles qu'il serait inutile d'énumérer; ils embrassent la postérité légitime et naturelle, ils ont parfois cependant une signification plus restreinte.

L'art. 759 porte : « En cas de prédécès de l'enfant naturel, les » *enfans* ou *descendans* peuvent réclamer les droits fixés par les » articles précédens. »

L'art. 760 : « L'enfant naturel ou ses *descendans* sont tenus » d'imputer sur ce qu'ils ont droit de prétendre du père ou de la » mère dont la succession est ouverte, tout ce qui serait sujet » à rapport. »

Dans ces deux articles, bien que ces mots *enfans* et *descendans* soient employés sans correctif, il appert qu'ils doivent s'entendre de la descendance légitime et non de la descendance naturelle : car ces articles sont dominés par la disposition inflexible de l'art. 756 déjà cité, aux termes duquel les enfans naturels ne peuvent prétendre aucun droit sur les biens des parens de leur père et mère.

Mais, ajoutera-t-on, si le titre des successions irrégulières ne fournit aucune disposition particulière au droit de reversion, l'art. 757 le comprend dans l'étendue de ses termes, et cela suffit.

Nous répondrons plus bas, en démontrant l'inapplicabilité de l'art. 757.

Par suite de ce que nous venons d'établir, la disposition de l'art. 747 serait isolée, qu'elle nous paraîtrait claire. Mais heureusement pour notre thèse, cette disposition a, au Code, deux sœurs jumelles, qui, surabondamment indiqueraient son véritable caractère. On les trouve dans les art. 351 et 960, lesquels, *chose étrange*, ont été invoqués par les partisans du système contraire.

Suivant le prescrit de l'article 351, la reversion au profit de l'adoptant donateur a lieu, lorsque l'adopté qui prédécède ne laisse pas de descendans *légitimes*.

Légitimes ! le mot s'y trouve ; il est donc clair, même pour ceux qui ne voient que par la lettre, que l'on ne considère ici que la légitimité.

L'adoption, on le sait, est une fiction de la loi qui fait entrer dans une famille étrangère, des personnes qui, *sans sortir de la leur,* sont, en prenant l'*adoptant pour point de départ,* considérées comme des enfans légitimes auxquels elles sont assimilées de tout point, alors même qu'elles seraient en concurrence avec eux.

Donc l'art. 351 n'est et ne peut être qu'un calque de l'art. 747, qu'une copie corrigée d'un défaut passé inaperçu dans l'original.

L'art. 747 en effet, malgré sa récente nuance doctrinale, n'est pas neuf, nous l'avons démontré, et avant de suivre dans l'ordre numérique les dispositions relatives à l'adoption, il les avait précédées dans l'esprit du législateur.

Peu importe que l'art. 351 confère aux descendans de l'adoptant des droits qui ne découlent pas de l'art. 747 ; qu'ainsi la reversion ait lieu au profit de ceux-ci toutes les fois que les biens *donnés* par l'adoptant ou *hérités* de lui se retrouveront dans la succession de l'adopté donataire.

Peu importe que l'article 352, *imité du droit ancien,* confère à l'adoptant un droit de reversion sur les biens donnés par lui, qui se retrouveraient dans la succession des enfans de l'adopté décédés eux-mêmes sans *postérité légitime.*

Ces dispositions s'expliquent à merveille, par cette considération, que la famille de l'adopté étant totalement étrangère à celle de l'adoptant, elle doit être primée par celle-ci toutes les fois qu'il s'agira de biens provenant de cette dernière et attribuées *personnellement* à une personne qui a cessé d'exister.

L'art. 960 édicte: « La révocation, pour survenance d'enfans, » n'aura lieu qu'au cas de survenance d'un enfant *légitime.* »

Ici encore, évidemment, on exclut la bâtardise pour ne tenir compte que de la légitimité.

La reversion, nous ne l'ignorons pas, est, au cas de l'art. 960, constitutive d'un vrai droit de *retour;* mais, comme nous avons suffisamment démontré que le droit successoral *sui generis*, imaginé par la doctrine à l'endroit du retrait de l'art. 747, ne ressemble en rien aux droits successoraux ordinaires, nous nous permettrons, et on nous permettra, de mettre ces deux reversions sur la même ligne, quand surtout il ne s'agira, comme ici, que d'en examiner, non les *conséquences*, mais le seul *caractère*.

En présence des articles 351 et 960, en présence de ce principe si rationnel, qu'il en est mathématique, *que les mêmes causes doivent produire les mêmes effets*, que les mêmes raisons de décider doivent donner la même solution, on peut, suivant nous, se demander comment il est possible de prétendre que le mot *postérité* de l'art. 747 comprenne les enfans naturels.

Sera-ce, par hasard, ainsi qu'on l'a soutenu, parce que l'article 747, contrairement aux art. 960 et 351, n'a pas dit postérité *légitime*.

Non, assurément, la maxime qui *dicit de uno negat de altero*, est si pauvre d'abord, que, quoi qu'en circulation encore, elle est depuis longtems complètement démonétisée.

La maxime ensuite ne serait même pas applicable.

L'art. 747, répétons-le, pour n'y plus revenir, était suffisamment expliqué, par sa rubrique; il devenait donc de superfétation, de dire, postérité *légitime*. Quant aux articles 351 et 960, qui n'avaient rien de spécial à telle ou telle catégorie d'héritiers plutôt qu'à telle ou telle autre, force était à la loi de qualifier, de spécifier le terme postérité, afin d'éviter la confusion que l'on n'aurait pas manqué de faire, et avec bien plus juste raison que pour l'art. 747.

Si la loi, par suite d'une *inconséquence inexplicable*, avait entendu différencier la *postérité* de l'art. 747 de la *postérité* des articles 960 et 351, elle s'y serait prise, non pas d'une manière pharisaïque, tortueuse, en procédant par réticence, mais en s'expliquant impérativement et d'une façon catégorique.

Passons à un nouvel ordre d'idées.

Les enfans naturels sont totalement étrangers aux parens de leurs auteurs, ils ne peuvent prétendre aucun droit sur *les biens* de ces derniers, l'art. 756 le dit formellement. Point de place dans l'affection, point de place dans la succession.

Comment alors les enfans naturels parviendront-ils à obstacler la reversion, sinon pour la totalité, du moins pour partie (ce qui en principe est *unum et idem*), car les biens frappés de reversion font, en vertu de la règle *le mort saisit le vif*, partie des biens du donateur, à l'instant même du décès du donataire?

Voici comme l'art. 757, dit-on, règle les droits des enfans naturels dans *toutes les successions* de leurs parens, sans distinction *de nature* et *d'origine* des biens à appréhender. Les biens donnés faisant partie de la succession du *de cujus*, les enfans naturels doivent y prendre part dans les proportions fixées par le même article.

Commençons par biffer ces mots, trop complaisans, *toutes les successions*. L'art. 747 ne porte rien de semblable, il n'a rien de spécial à la reversion. On peut au reste biffer, sans préjudice aucun pour l'argument, car l'art. 757 dit tous les biens, ce qui comprend les biens sujets à reversion.

L'argument prouverait trop, s'il prouvait quelque chose. Les articles 750, 751, etc., réglementent aussi des droits qui s'exercent et *vraiment*, eux, sans considération de la nature et de l'origine des biens ; et cependant personne, jusqu'à ce jour, ne s'est avisé de s'en faire une arme, soit au profit des ascendans, soit au profit des collatéraux, pour en frapper le droit de reversion.

Comme les articles 750, 751 et suivans, l'art. 757 doit s'entendre de tous les biens qui composent la succession ordinaire, et non pas de ceux qui produisent le droit reversif.

Il ne faut pas, ajoutera-t-on encore, faire si bon marché de l'art. 757 ; il porte: « Le droit de l'enfant naturel sur les biens de » ses père et mère est réglé ainsi qu'il suit : Si le père ou la mère » a laissé des descendans légitimes, ce droit est d'un tiers de la » portion héréditaire que l'enfant naturel aurait eu s'il eût été » légitime, etc... » Or, s'il eût été légitime, il eût paralysé la reversion pour le tout; en l'absence de cette qualité, il doit la paralyser pour partie.

L'argument, spécieux peut-être au premier abord, est loin d'être décisif; non-seulement il ne détruit pas les raisons fournies pour l'interprétation de l'art. 747, considéré isolément, mais il se trouve détruit par elles, à notre sens, quand on rapproche l'art. 747 des art. 351 et 960, dont on ne peut le séparer; parce que, d'une part, s'il est facile, raisonnable, conséqnent, d'en admettre l'identité, il est, d'autre part, illogique, inexplicable d'en proposer une différence qu'aucun motif, tant soit peu valable, ne saurait justifier.

Du reste, ces mots : *S'il eût été légitime*, de l'art. 757, n'ont pas été insérés à dessein dans le texte, pour indiquer que l'enfant naturel devait nécessairement prétendre droit à une portion de tout ce qu'il aurait obtenu en totalité s'il eût été légitime. Ils ne s'y trouvent que parce que la loi, devant *forcément* comparer, ou, pour parler plus exactement, différencier l'enfant naturel de l'enfant légitime, afin de déterminer, suivant les cas, le *quantùm* de la portion qui devait être attribuée, a dû *forcément* aussi, par contre et par antithèse de ces mots, *enfans naturels;* mettre en regard ces autres mots: *enfans légitimes.*

En d'autres termes, la loi réglant la fraction des droits successoraux afférant aux enfans naturels, sur l'intégralité des droits des enfans légitimes pris pour point de comparaison ou d'opposition, comme on le voudra; il était impossible de construire la phrase de l'art. 757, de même qu'il nous serait impossible de construire la nôtre, sans employer les mots: *enfans légitimes.*

Il y a plus : accorder à la descendance naturelle un droit quelconque sur les biens donnés, serait non-seulement violer l'article 756, mais encore porter atteinte à l'économie, à la philosophie entière du Code, où en ligne ascendante ou descendante; les mots *droits* ont toujours les mots *devoirs* pour complément et pour corrélatif.

Quand un ascendant donne à l'un de ses hoirs, il a toujours la certitude de ne pas mourir de faim tant que cet hoir du moins aura de quoi le nourrir. Effectivement, si l'aïeul tombe dans le besoin et que des alimens lui sont refusés, il pourra faire révoquer la donation pour cause d'ingratitude, voire même, demander une pension alimentaire, que les tribunaux lui accorderont d'autant plus large qu'il se sera montré plus libéral vis-à-vis de son ingrat donataire.

Mais où serait la garantie en filiation illégitime? Etranger pour ses auteurs médiats, l'enfant naturel ne leur doit exactement rien, et il n'est pas au monde de puissance capable de lui imposer l'obligation alimentaire.

Il pourrait donc arriver qu'un enfant naturel jouit, sans charge aucune, d'une partie notable des biens d'un donateur qui, par suite de circonstances imprévues, serait tombé dans la misère la plus complète.

En vain l'on dira que celui qui donne est mu par l'idée de libéralité. C'est vrai; mais l'idée de libéralité, ainsi que le prouve précisément la reversion dont le but est d'encourager les libéralités, n'est pas exclusive du calcul de réciprocité qui jusqu'à un certain point naît de l'obligation alimentaire.

Et puis, en l'absence même de tout calcul, le résultat que nous venons d'indiquer serait toujours une de ces iniquités qui ne sauraient subsister en face d'une loi positive; une de ces immoralités, si révoltantes, que le droit ne saurait être muet pour les flétrir, et impuissant pour les réprimer.

Les raisons développées à l'appui de notre thèse, ont une valeur que la Cour de Cassation a frappée au coin de son imposante autorité dans l'arrêt suivant :

« LA COUR, vu l'art. 747 du Code civil, attendu que, suivant » cet article, les ascendans succèdent, à l'exclusion de tous » autres, aux choses par eux données à leurs enfans et descen- » dans décédés sans postérité, lorsque les objets donnés se re- » trouvent en nature dans la succession; que, dans le sens de

» cet article conféré avec les autres dispositions du Code civil » qui le précèdent et qui le suivent, le mot postérité qui y est » employé équivaut à ceux de descendans et de postérité légi- » times; que, par conséquent, les ascendans succèdent aux » choses par eux données, à l'exclusion des enfans naturels du » donataire, sans que l'existence de ces derniers fasse obstacle » au droit de retour établi à leur profit; que cela résulte encore » de la combinaison des art. 750 et 751 du Code civil avec l'art. » 747, d'où il suit que, dans le cas prévu par cet article, l'ascen- » dant donateur exclut l'ascendant de l'autre ligne, les frères, » sœurs et autres collatéraux du donataire qui pourraient se » présenter à titre d'héritiers légitimes; que loin de déroger au » droit de retour dont il s'agit dans l'espèce, l'art. 756 du Code » civil le confirme, en refusant aux enfans naturels la qualité » d'héritiers, et en ne leur accordant aucun droit sur les biens » des parens de leur père et mère, qui ne sont pas tenus de les » reconnaître, et qui ne peuvent être présumés les avoir eus en » vue dans leurs libéralités; *qu'en jugeant le contraire, l'arrêt* » *attaqué a expressément violé la loi précitée;* casse, etc. »

Pourquoi donc l'universalité de l'opposition doctrinale? En voici l'explication :

Tous les auteurs sont d'un avis contraire, mais la chose est moins effrayante qu'elle le paraît au premier abord; c'est un peu, soit dit en bonne part, l'histoire des voyageurs et des bâtons flottans.

Tous, ou à peu près, se sont bornés à apostiller, presque sur la foi du maître, l'opinion du premier jurisconsulte qui se soit occupé de la matière, celle que Chabot a *systématiquement* émise en faveur des enfans naturels.

Nous disons systématiquement, parce que l'avis de Chabot se

rattache bien plus, selon nous, à l'homme politique, qu'elle n'émane du jurisconsulte.

C'est pour cela, que la discussion de Chabot, ordinairement si solide, ne renferme ici que des raisons tellement médiocres, que l'on s'étonne de les rencontrer sous sa plume.

Chabot fut un de ces néophilanthropes qui contribuèrent le plus à faire passer la loi égalitaire, qui plaçait sur la même ligne les enfans légitimes et les enfans naturels. Le discours qu'il prononça au club des Jacobins est un curieux monument de ce genre.

Plus tard, au Corps législatif, Chabot fit une espèce d'amende honorable. Mais bientôt le vieil homme reparut, et, toujours partisan du système égalitaire, Chabot s'empressa de le reconquérir en partie, ne pouvant le faire pour la totalité.

Une porte était ouverte : l'incertitude du caractère de la reversion. Chabot en profita. Pour lui, le droit de retour se transmuta en droit successoral, qu'il battit immédiatement en brèche au profit des enfans naturels.

Puis, l'opinion de Chabot prévalut, on ne sait trop pourquoi, sur l'avis de Malleville. Elle rallia d'abord l'adhésion de Toullier, puis celle de M. Duranton, c'était autant qu'il en fallait pour devenir universelle.

Voyons cette opinion, Chabot argumente : Les articles 756 et 757, réglementaires des droits des enfans naturels, sans distinction de nature et d'origine.

Nous avons suffisamment répondu à cela pour ne plus être obligé d'y faire une réponse nouvelle.

Il dit, en second lieu (et c'est la raison qui a principalement touché ses imitateurs), que le droit de l'ascendant doit passer après le droit de l'enfant naturel, par le motif que la reconnaissance de ce dernier *équivaut au moins* au testament qui aurait pu avoir lieu en sa faveur.

Nous sommes grandement étonné que l'on ait pu faire, et surtout que l'on ait pu admettre, le parallèle de deux actes aussi dissemblables que la *reconnaissance* d'un enfant naturel et le *legs qu'on ne lui a pas fait.*

Un testament est un *mode de transmettre la propriété;* une reconnaissance est une *manière de constater la filiation;* et ces deux choses seront identifiées! mais alors, il faudra admettre la réciproque, et dire que celui qui a testé en faveur d'un enfant naturel, l'a par cela même légalement reconnu. Où mèneraient donc de pareilles hérésies?

Et la comparaison, en l'admettant raisonnable, serait repoussée par les faits et le texte des lois sur les successions.

Que signifie-t-elle au fond? Ceci, apparemment: Que la reconnaissance d'un enfant naturel implique, de la part de celui qui l'a faite, la volonté de transférer à ce même enfant la totalité de ce qui peut lui revenir.

Mais rien n'est plus faux qu'un pareil supposé. Tous les jours, on voit exhéréder des enfans légitimes, plus chers que des enfans naturels, et c'est précisément à cause de cela et en prévision de ce cas, antipode de la supposition de Chabot, que l'on a jurisprudentiellement créé la *réserve*, que Chabot s'est empressé d'étendre aux enfans naturels.

Chabot, on le voit, s'est réfuté lui-même, et n'a pas attendu pour cela que, dans une espèce donnée, il y eût concurrence entre un ascendant donateur, et un enfant naturel légalement reconnu, mais formellement déshérité.

Chabot ajoute, en troisième lieu, comme *ultima ratio:* Si l'ascendant eût voulu exclure la postérité naturelle, il eût pu facilement le dire; s'il a gardé le silence, c'est que son intention a été toute contraire. (Il s'agit, bien entendu, d'ascendans qui n'auraient pas notre manière de voir, sans quoi l'exclusion formelle serait pour le moins superflue).

Certainement l'ascendant aurait pu exclure la descendance naturelle: personne ne voudra le contester; mais alors, il n'y aurait plus de question; il s'agirait, non plus d'un *retrait légal*, mais d'un *retour conventionnel*, d'un simple point de fait; il n'y aurait plus à discuter.

Puis cet argument qui n'en est pas un, peut à l'instant même être retourné contre Chabot et détruire la raison que l'on a trouvée si décisive, celle tirée de l'assimilation de la reconnaissance avec le testament.

Si en effet le donataire eut, ce qu'il pouvait faire, disposé testamentairement au profit d'un enfant naturel, sa volonté se fut manifestement exprimée, il n'y aurait plus à rechercher le sens légal du mot postérité, il n'y aurait plus, pour éviter la conséquence du dilemme de Chabot, il n'y aurait plus, disons-nous, à se creuser la tête pour enfanter un parallélisme tel que celui du testament, avec la reconnaissance d'un enfant naturel.

Deux auteurs modernes, et des meilleurs, ont aussi appuyé l'opinion de Chabot. Ils ont apporté chacun une raison nouvelle, qu'il nous est impossible de trouver beaucoup plus sérieuse que celles que nous venons de réfuter.

« S'il existait à la fois, dit M. Marcadé, un enfant naturel et un » enfant légitime, personne n'aurait l'idée de demander la re- » version même pour partie, quoique l'enfant naturel prît alors » une partie des biens donnés; mais s'il en est ainsi malgré la

» présence de l'ascendant donateur, le droit de ces enfans est
» donc plus fort que celui de cet ascendant. »

Nous commencerons par répondre, que c'est une manière fâcheuse que d'aller, pour résoudre une espèce, chercher son point d'appui dans une autre espèce *complètement opposée.*

Et nous ajouterons que ce qui paraît logique à M. Marcadé, nous semble souverainement illogique.

Quand un enfant naturel est en concours avec un enfant légitime, c'est ce dernier seul qui paralyse le droit de retour, en se présentant par suite de l'affection présumée de la loi, et du bénéfice de la représentation, armé de l'art. 747, qui nous l'avons démontré en est une conséquence sinon forcée, du moins très-naturelle.

L'enfant naturel en ce cas, il est vrai, prend une certaine part; mais c'est parce que la *reversion a été détruite*, et le droit de succéder, le droit de *succession ordinaire ouvert* par l'enfant légitime; ce qui ne saurait faire que l'enfant naturel puisse prendre la même part, alors que se présentant seul en face de la *reversion qui subsiste,* il ne peut de lui-même faire naître son *droit successoral.*

Que ce résultat ait quelque chose de singulier, c'est possible, mais une singularité ne peut autoriser une violation de principes, alors surtout que la loi, même en matière d'enfans naturels, a d'autres singularités identiques que l'on ne saurait décliner, encore bien que l'on pût faire le même raisonnement.

Exemple. Un enfant naturel, du chef de son auteur, décédé lui-même postérieurement à la mort de son père légitime, a incontestablement des droits à faire valoir sur la succession de ce dernier. La raison paraîtrait également vouloir que l'enfant naturel dont l'auteur eût décédé avant son père légitime, pût encore exercer les mêmes droits lors de la mort de celui-ci. Et cependant, cela ne saurait être, par le motif encore, qu'au cas présent, comme dans l'espèce qui précède, l'enfant naturel a besoin d'une tierce personne pour faire naître un droit qu'il ne peut s'ouvrir à lui-même.

M. Zachariœ, en admettant, avec nous, que le mot *postérité*, de l'art. 747, ne s'applique qu'à la *seule postérité légitime*, trouve néanmoins, dans la généralité des termes de l'art. 757, un argument qui le décide à entamer la reversion au profit de la descendance illégitime.

Et, pour être conséquent avec son système, ce que nous préférons à l'argument de lettre, qui conduirait à un résultat contraire, M. Zachariœ étend sa solution même aux enfans naturels de l'enfant adoptif, bien que l'art. 351 dise formellement « que le retrait s'exercera toutes les fois que le donataire prédé» cédera sans laisser d'*héritiers légitimes*;.... car, dit M. Zachariœ, » une différence entre les deux cas ne saurait se justifier par » aucun *motif rationnel.* »

Nous applaudissons de grand cœur à cette identification des deux espèces, que nous avions faite bien avant de connaître l'opinion de l'estimable auteur; mais nous ne savons comment il pourra expliquer la différence qui existera entre ces deux cas et celui de l'art. 960, qui porte aussi que la révocation n'aura lieu que par suite de la survenance d'un *enfant légitime*, et qui ne tombe pas sous le coup de l'art. 757.

A M. Zachariœ, nous dirons, non-seulement que l'art. 351 résiste à la violation d'un texte qui éclairerait, au besoin, celui de l'art. 747, loin de pouvoir être détruit par l'inexplicité de celui-ci; mais que, de plus, l'art. 747 lui-même, résiste aussi énergiquement au dommage qu'on veut lui faire au moyen de l'art. 757; car, étant admis que le mot *postérité* dont parle l'art. 747 ne se réfère qu'à la postérité légitime, il faut en même tems admettre que les autres mots du même article, « les ascendans succèdent à l'*exclusion de tous autres,* » font obstacle aux droits de tout ce qui ne serait pas postérité légitime, et conséquemment aux droits de la postérité naturelle.

M. Zachariœ ajoute, que son interprétation, n'est en aucune manière contraire au texte de l'art. 351, puisqu'il reconnaît que la présence des descendans naturels de l'enfant adoptif n'empêche pas d'une manière absolue le droit de retour.

M. Zachariœ pour concilier deux choses inconciliables, à savoir le texte qu'il viole, et le raisonnement qu'il fait, nous paraît rapetisser son argumentation, et abdiquer l'indépendance qui en était le caractère.

Que la reversion soit empêchée pour le tout ou pour partie, le principe est le même. La question n'est pas de savoir si l'enfant naturel aura un droit quelconque, droit qu'on laissera passer parcequ'il n'est qu'une fraction d'un droit plus étendu, parcequ'il laisse subsister la reversion fractionnée dans une proportion pareille; la question est de savoir si cette fraction de droit *pourra naitre,* si elle *pourra exister;* nous croyons que toute notre discussion aura démontré le contraire.

Ce que dit M. Zachariœ, à l'occasion de l'art. 351, à savoir que la reversion, bien qu'en partie confisquée au profit de l'enfant naturel, n'en reste pas moins debout encore, pourrait s'étendre à l'art. 747. Mais cette opinion mixte n'aurait aucune chance de succès en présence des principes, d'une discussion sérieuse; et de ces mots surabondans à *l'exclusion de tous autres,* dont ne parle pas l'art. 351, encore bien qu'il les contienne virtuellement, car pour nous les articles 351, 747, 960, se reflètent comme trois miroirs fidèles, ne pouvant fournir qu'une seule et même disposition, parce qu'ils ne reproduisent qu'une seule et même pensée.

C. LE GENTIL,

Avocat et Juge-Suppléant.

Arras, 25 décembre 1850.

www.ingramcontent.com/pod-product-compliance
Lightning Source LLC
LaVergne TN
LVHW050501160826
845677LV00003B/868

* 9 7 8 2 3 2 9 6 5 7 5 3 0 *